W9-ABU-032

DATE DUE

¡QUÉ DESASTRE!

TERREMOTO

por Joyce Markovics

Consultora:
Daphne Thompson, Meteoróloga
Coordinadora de Difusión Educativa
Instituto Cooperativo de Estudios Meteorológicos de Mesoescala
Centro Nacional del Clima

BEARPORT PUBLISHING

New York, New York

Créditos

Cubierta, © iStockphoto/Thinkstock; 4–5, © Filippo Monteforte/AFP/Getty Images;
6–7, © Tim Clayton/Corbis; 8–9, © STR/AFP/Getty Images; 10–11, © KYODO/Reuters/Corbis;
12–13, © U.S. Navy/Getty Images; 14–15, © Prometheus72/Shutterstock; 15, © AFP/Getty
Images; 16–17, © Giorgio Cosulich/Getty Images; 18–19, © Yoshikazu Tsuno/AFP/Getty Images;
20–21, © Joseph Johnson/Getty Images; 22, © Prometheus72/Shutterstock; 23TL, © Tim
Ackroyd/Shutterstock; 23TR, © iStockphoto/Thinkstock; 23BR, © AFP/Getty Images.

Editor: Kenn Goin
Editora principal: Joyce Tavolacci
Director creativo: Spencer Brinker
Diseñadora: Debrah Kaiser
Editor de fotografía: Picture Perfect Professionals, LLC
Traductora: Eida Del Risco
Editora de español: Queta Fernandez

Datos de catalogación de la Biblioteca del Congreso

Markovics, Joyce L., author.
  [Earthquake. Spanish]
  Terremoto / por Joyce Markovics ; consultora: Daphne Thompson, Meteoróloga Coordinadora
de Difusión Educativa Instituto Cooperativo de Estudios Meteorológicos de Mesoescala Centro
Nacional del Clima.
    pages cm. — (¡Qué Desastre!)
  Includes bibliographical references and index.
  ISBN 978-1-62724-247-9 (library binding) — ISBN 1-62724-247-3 (library binding)
  1. Earthquakes—Juvenile literature. I. Title.
  QE521.3.M33318 2014
  551.22—dc23
                              2013044164

Para más información, escriba a Bearport Publishing Company, Inc., 45 West 21st Street, Suite 3B,
New York, New York 10010. Impreso en los Estados Unidos de América.

10 9 8 7 6 5 4 3 2

CONTENIDO

TERREMOTOS

La tierra ruge y tiembla.

Las aceras se rajan.

¡Ha empezado un **terremoto**!

Los terremotos pueden causar grandes grietas en el suelo.

Las casas se mecen de un lado a otro.

¡Crach!

¡Los edificios se derrumban!

Ocurren cerca de un millón de terremotos al año.

¿Qué causa los terremotos?

En las profundidades de la tierra, enormes rocas se mueven.

Se empujan y se deslizan unas contra otras.

Entonces, la tierra tiembla y se raja.

Bajo el suelo, grandes pedazos de roca cubren la Tierra.

9

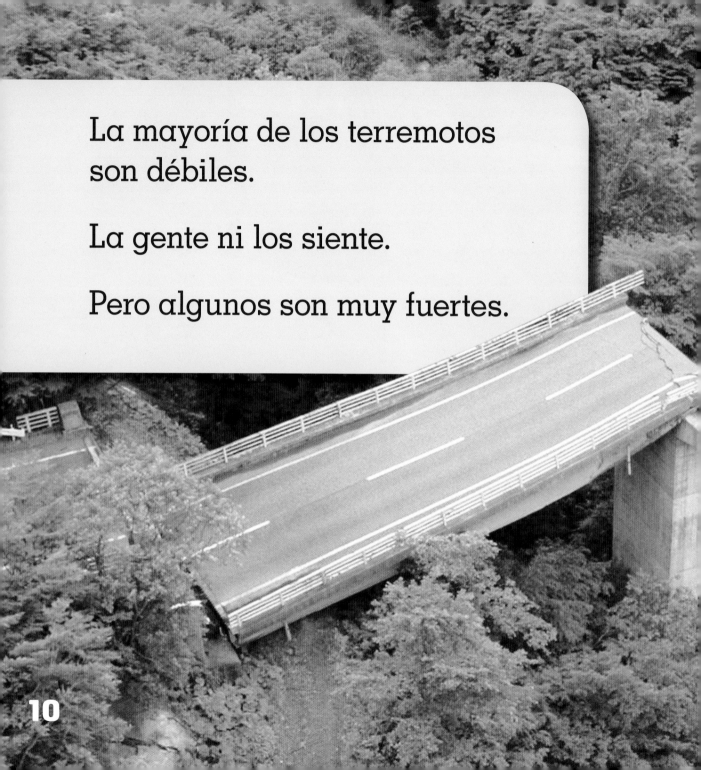

La mayoría de los terremotos son débiles.

La gente ni los siente.

Pero algunos son muy fuertes.

Los terremotos fuertes pueden causar mucha **destrucción**. Pueden derrumbar puentes y carreteras.

Los terremotos grandes pueden destruir pueblos enteros.

La gente puede quedar atrapada en los edificios.

Un terremoto casi siempre dura de 10 a 30 segundos.

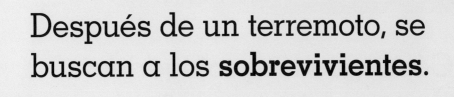

Después de un terremoto, se buscan a los **sobrevivientes**.

Los rescatistas desentierran a todos los que encuentran.

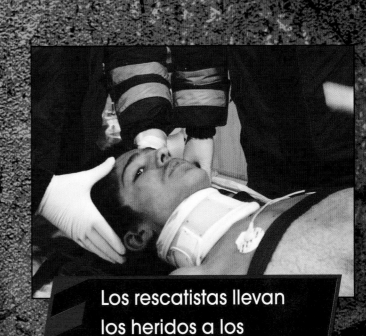

Los rescatistas llevan los heridos a los hospitales.

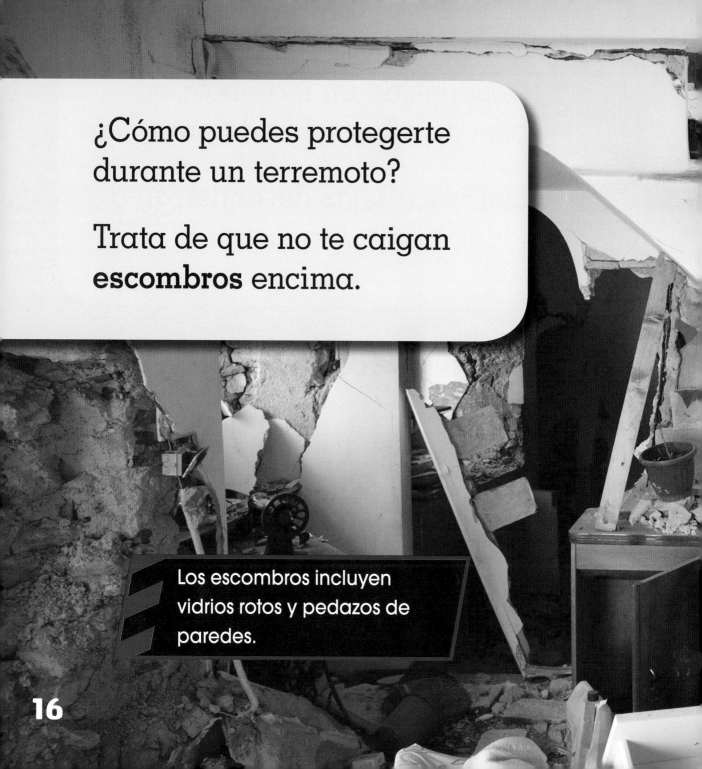

¿Cómo puedes protegerte durante un terremoto?

Trata de que no te caigan **escombros** encima.

Los escombros incluyen vidrios rotos y pedazos de paredes.

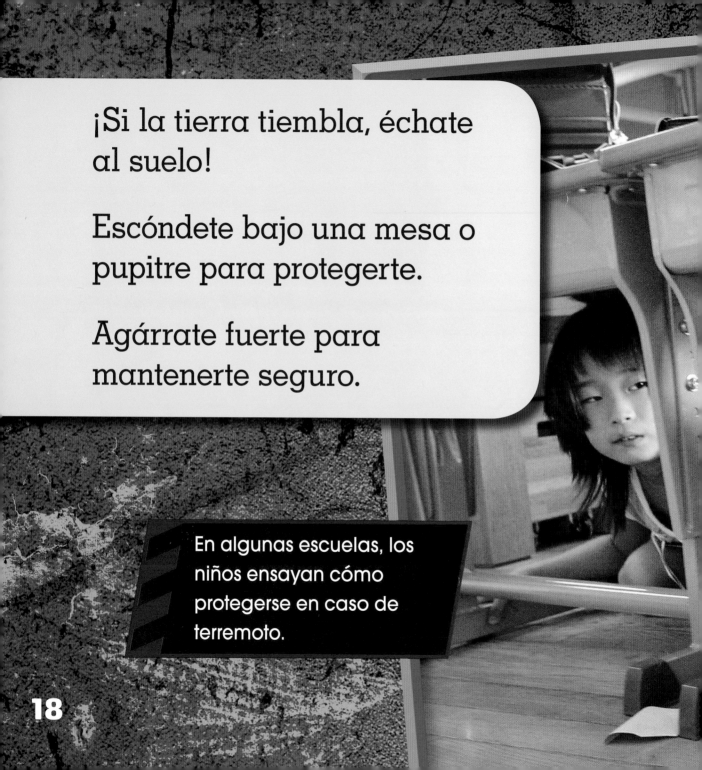

¡Si la tierra tiembla, échate al suelo!

Escóndete bajo una mesa o pupitre para protegerte.

Agárrate fuerte para mantenerte seguro.

En algunas escuelas, los niños ensayan cómo protegerse en caso de terremoto.

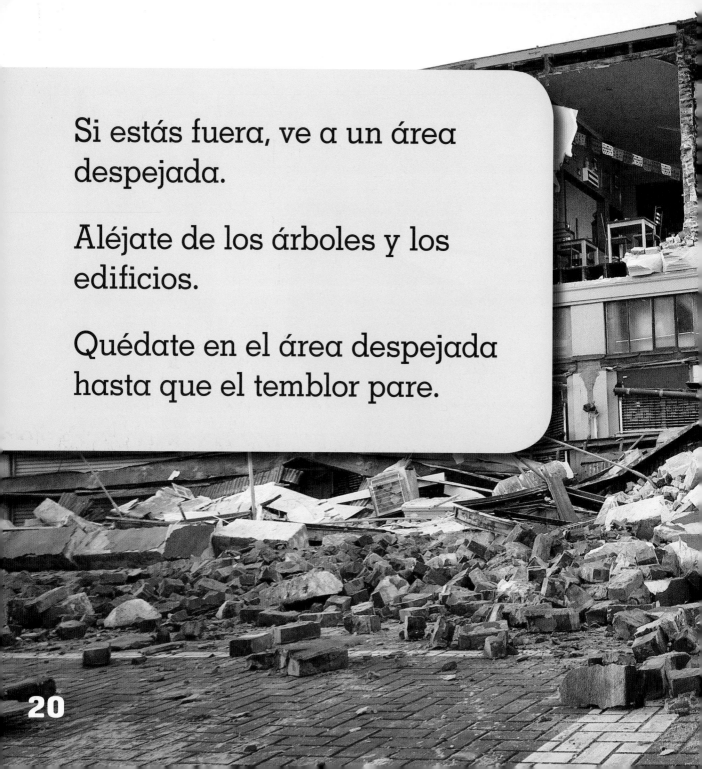

Si estás fuera, ve a un área despejada.

Aléjate de los árboles y los edificios.

Quédate en el área despejada hasta que el temblor pare.

Las farolas y los árboles pueden caerse durante un terremoto.

21

DATOS SOBRE LOS TERREMOTOS

- Alaska tiene más terremotos que los otros estados.

- Florida y Dakota del Norte son los estados con menos terremotos.

- Los terremotos pueden causar avalanchas de barro, fuegos, inundaciones y olas enormes llamadas tsunamis.

- En la Luna ocurren terremotos llamados lunamotos.

GLOSARIO

destrucción: daño o ruina

escombros: pedazos de edificios y otros objetos que han sido destruidos.

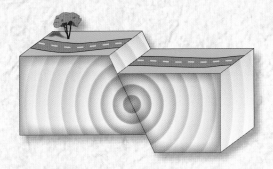

terremoto: temblor del suelo causado por el movimiento súbito de las rocas que están debajo de la superficie de la Tierra

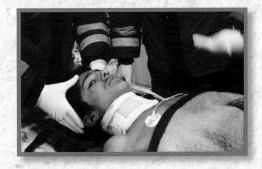

sobrevivientes: gente que sale con vida de un desastre o un acontecimiento horrible

23

ÍNDICE

LEE MÁS

Riley, Joelle. *Earthquakes (Pull Ahead Books: Forces of Nature).* Minneapolis, MN: Lerner (2008).

Walker, Sally M. *Earthquakes (Early Bird Earth Science).* Minneapolis, MN: Lerner (2007).

LEE MÁS EN INTERNET

Para saber más sobre tornados, visita
www.bearportpublishing.com/ItsaDisaster!

ACERCA DE LA AUTORA

Joyce Markovics vive junto al río Hudson en Tarrytown, Nueva York. Sintió temblar la Tierra en el terremoto de Virginia del 2011.